Técnicas para dibujar patrones

Un patrón es la repetición de líneas y formas que puede ser simple o complejo, dependiendo de lo que prefieras y del espacio que quieras rellenar. Incluso los patrones complicados comienzan con una línea o forma sencilla.

Tip

Si usas plumones o [illegible] para añadir formas y patrones a estas páginas, asegúrate de que la tinta esté completamente seca antes de colorear sobre ellos porque la tinta puede correrse.

Repetición de formas (separadas)

Las formas y las líneas son la base de los patrones. A continuación te presentamos unos sencillos ejemplos de formas que fácilmente podemos convertir en patrones:

Antes de convertir estas formas en patrones, vamos a adornarlas un poco delineándolas con trazos dobles (repasar una línea más de una vez para que sea más gruesa) y añadiendo formas dentro y fuera.

Para crear un patrón a partir de estas formas adornadas, lo único que tienes que hacer es repetirlas, como se muestra abajo. También puedes agregar formas pequeñas entre las formas adornadas, observa a continuación:

Estos se llaman patrones "separados" porque no están unidos a una línea (como los que se describen en el siguiente ejemplo). Puedes usar los patrones separados para rellenar espacios en donde quieras y pueden ser grandes o pequeños, cortos o largos, según lo requiera tu dibujo.

Tip

Primero dibuja los patrones con lápiz y después remárcalos con negro o con color. O puedes dibujarlos con tinta negra y después añadirles color. O puedes dibujarlos con color desde el inicio. ¡Experimenta con las tres técnicas para ver cuál te funciona mejor!

Repetición de formas (unidas a una línea)

Comienza con una línea y dibuja formas sencillas que se repitan a lo largo de ella. A continuación adorna cada forma delineándola, haciendo trazos dobles y añadiendo formas dentro y fuera. Mira el siguiente ejemplo.

También puedes dibujar formas entre un par de líneas, así:

Teoría del color

Mira qué preciosidad de rueda de color. Cada color está marcado con una P (primario), una S (secundario), o una T (terciario). Los **colores primarios** son rojo, amarillo y azul. Se llaman "primarios" porque no pueden crearse mezclando otros colores. La mezcla de los colores primarios crea los **colores secundarios**, que son el naranja, el verde y el púrpura (violeta). La mezcla de los colores secundarios crea los **colores terciarios**, que son el amarillo-naranja, el amarillo-verde, el azul-verde, el azul-violeta, el rojo-violeta y el rojo-naranja.

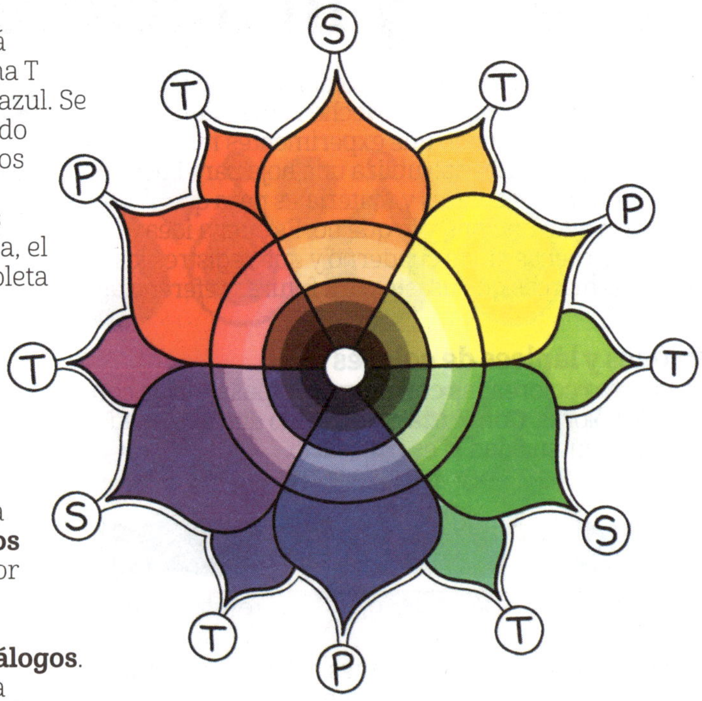

En el centro de los seis grandes pétalos hay tres hileras de colores más tenues llamados claros. Un **color claro** es un color con blanco. Después de los claros verás que hay tres hileras de colores más fuertes, llamados oscuros. Un **color oscuro** es un color con negro.

Se considera que los colores que se encuentran en la mitad superior de la rueda del color son **colores cálidos** (rojo, amarillo, naranja) y los colores de la mitad inferior se llaman **colores fríos** (verde, azul, púrpura).

Los colores opuestos en la rueda se llaman **complementarios** y los que están juntos se llaman **análogos**.

Observa los ejemplos y analiza la manera en que cada combinación de colores afecta la apariencia y la "sensación" que transmite la mariposa. Para inspirarte todavía más mira las figuras coloreadas de las siguientes páginas. Identifica las muestras que se encuentran al final de la página con los colores que se eligieron para cada dibujo.

Colores cálidos

Colores fríos

Colores cálidos con detalles fríos

Colores fríos con detalles cálidos

Colores claros y matices de rojo

Colores claros y matices de azul

Colores análogos

Colores complementarios

Colores complementarios

La felicidad es como una mariposa; si la persigues siempre está fuera de tu alcance, pero si te sientas y la esperas se posará sobre ti.

—Nathaniel Hawthorne

Tengo una habitación completa para mí solo; la naturaleza.

—Henry David Thoreau

Voltea tu cara hacia el sol y las sombras
quedarán detrás de ti.

—Proverbio maorí

Que las alas de la mariposa besen al sol,
y que encuentren tu hombro y lo iluminen,
para traerte suerte, felicidad y riqueza
hoy, mañana y siempre.

—Bendición irlandesa

Sé feliz por este momento;
este momento es tu vida.

—Omar Khayyam

Todo gran sueño comienza con un soñador.
Siempre recuerda que en tu interior tienes la fortaleza,
la paciencia y la pasión para alcanzar las estrellas
y cambiar el mundo.

—Harriet Tubman

Donde florecen las flores,
también florece la esperanza.

—Lady Bird Johnson

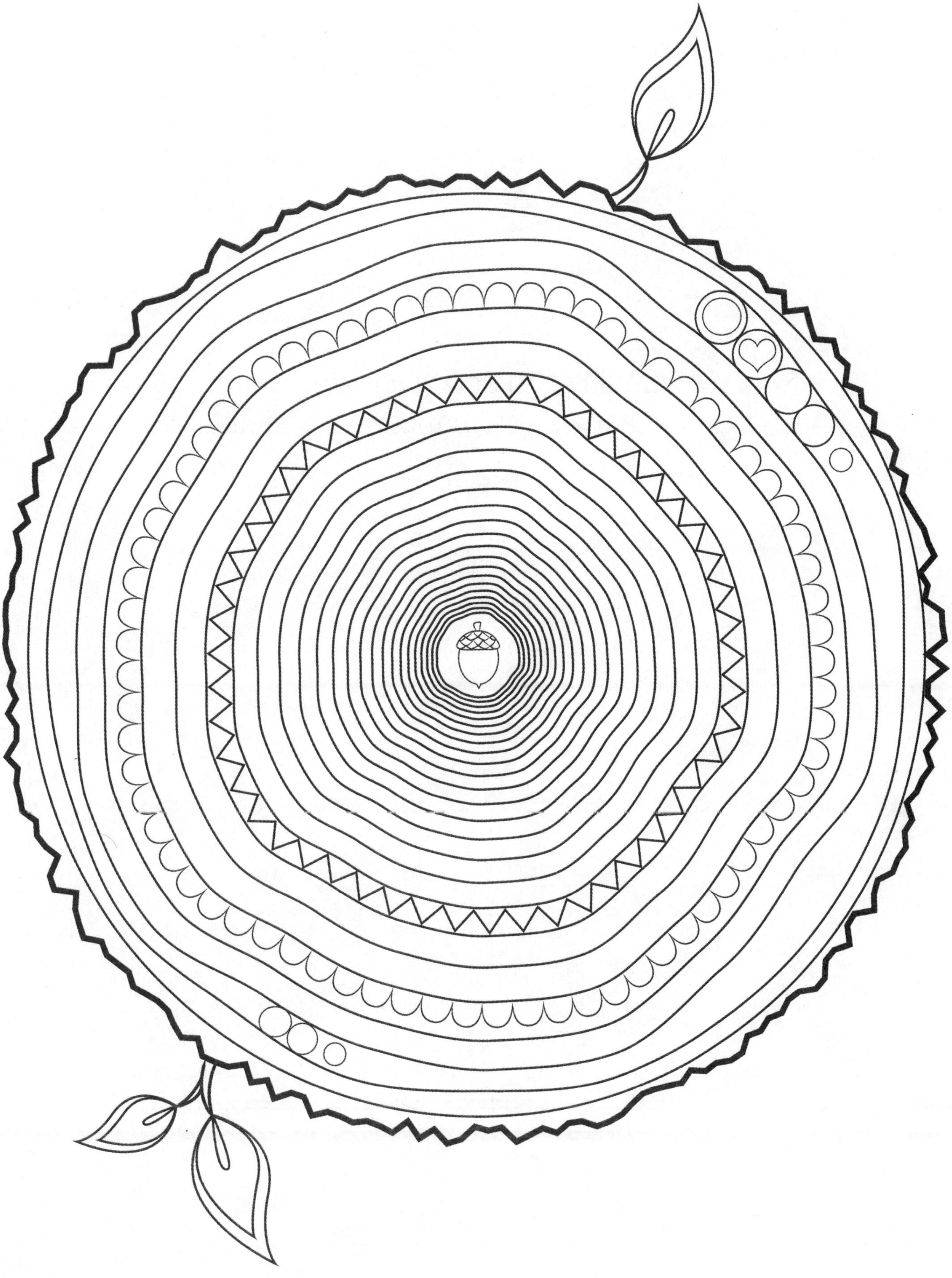

La semilla oculta en el corazón de una manzana es un manzano invisible.

—Proverbio galés

La tierra se ríe en las flores.

—Ralph Waldo Emerson

Cualquier mirada al mundo de un animal
estimula el nuestro y lo vuelve
más grande y mejor en todos
los aspectos.

—John Muir

Mi alma está llena de nostalgia por el
secreto del mar,
y el corazón del gran océano
envía un emocionante pulso a través de mí.

—Henry Wadsworth Longfellow, *The Secret of the Sea*

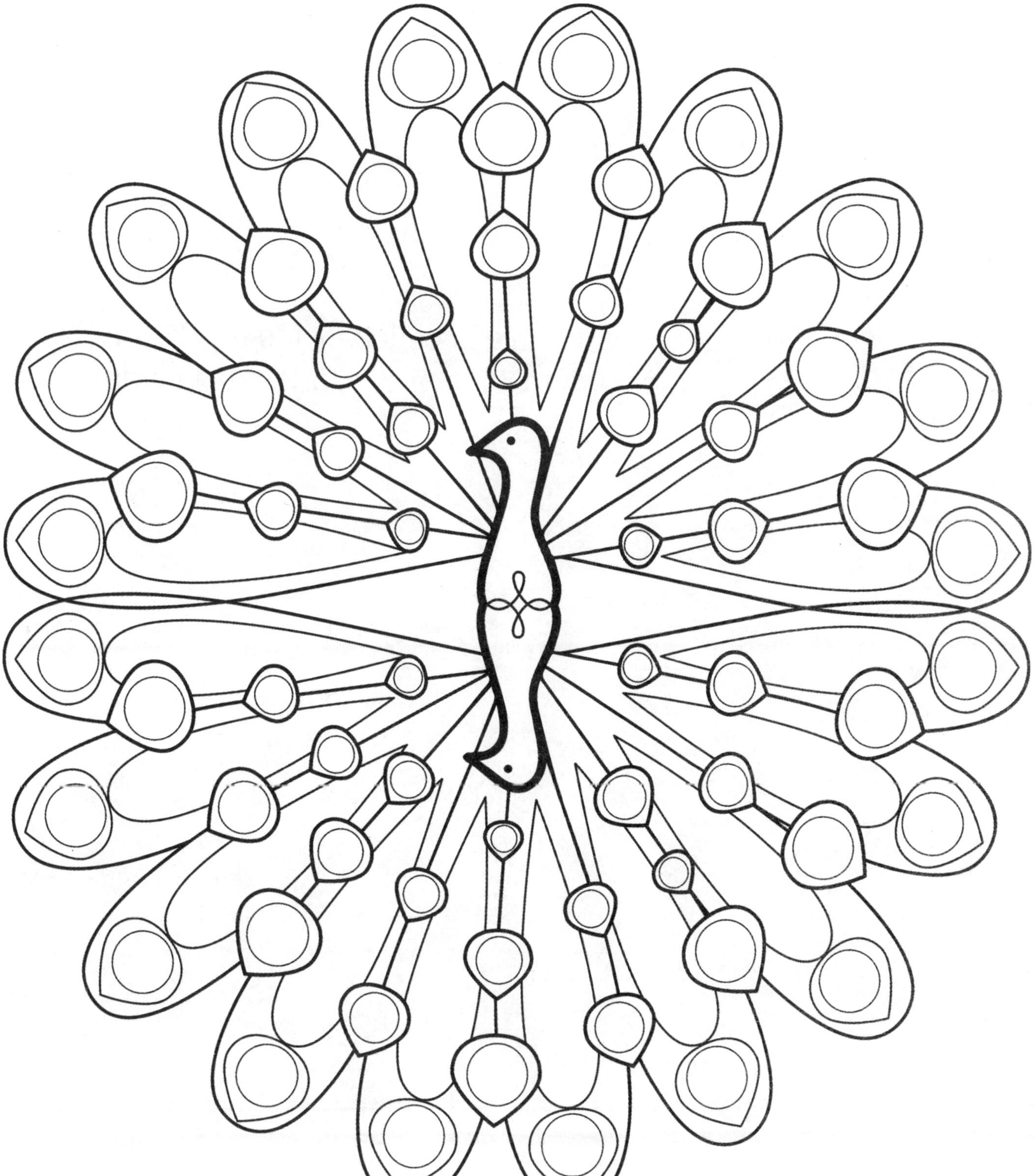

Aquellos que moran entre la belleza y los misterios de la tierra nunca están solos ni cansados de la vida.

—Rachel Carson

En todas las cosas de la naturaleza hay algo maravilloso.

—Aristóteles

Un pájaro no canta porque tenga una respuesta.
Canta porque tiene una canción.

—Maya Angelou

Sé como el ave, que
haciendo una pausa en su vuelo
se posa sobre la débil rama,
que siente que se rompe,
y sin embargo canta
sabiendo que tiene alas.

—Victor Hugo, *The Bird*

Aquellos que contemplan la belleza de la tierra encuentran reservas de fuerza que durarán hasta que su vida termine.

—Rachel Carson

Si quieres algo que nunca has tenido,
entonces tienes que hacer algo que nunca has hecho.

—Desconocido

Creo que existe un magnetismo sutil en la Naturaleza,
y que si cedemos inconscientemente ante él,
nos dirigirá correctamente.

—Henry David Thoreau

El océano revuelve el corazón, inspira la imaginación y brinda gozo eterno al alma.

—Wyland

Sal, sal te ruego,
y goza de la belleza de la naturaleza.
Contempla el milagro de la tierra
con el asombro de un niño.

—Edna Jaques

Y esta vida nuestra, exenta de la obsesión pública,
encuentra lenguas en los árboles, libros en los arroyos,
sermones en las piedras y bondad en todo.

—William Shakespeare

Ahora sé el secreto para ser
mejores personas:
Es necesario crecer al aire libre, y comer
y dormir en contacto con la tierra.

—Walt Whitman

La indescriptible inocencia y benevolencia de la naturaleza; del sol, del viento y la lluvia, del verano y el invierno, ¡tanta salud y alegría que proporcionan siempre!

—Henry David Thoreau

Vivir no es suficiente...
Hace falta la luz del sol, la libertad
y una pequeña flor.

—Hans Christian Andersen

La cura para cualquier cosa es el agua salada: el sudor, las lágrimas o el mar.

—Isak Dinesen

La naturaleza nunca se apresura:
átomo tras átomo, poco a poco,
consuma su obra.

—Ralph Waldo Emerson

La poesía de la tierra jamás muere.

—John Keats

Acudo a la naturaleza para tranquilizarme y sanarme,
y para poner mis sentidos en orden.

—John Burroughs

No olvides que la tierra se deleita al sentir tus pies descalzos y que el viento anhela jugar con tu cabello.

—Kahlil Gibran

Mantén tu fe en todas las cosas hermosas.
En el sol cuando está oculto.
En la primavera cuando ha terminado.

—Roy Rolfe Gilson